Ludwig van Beethoven
1770-1827

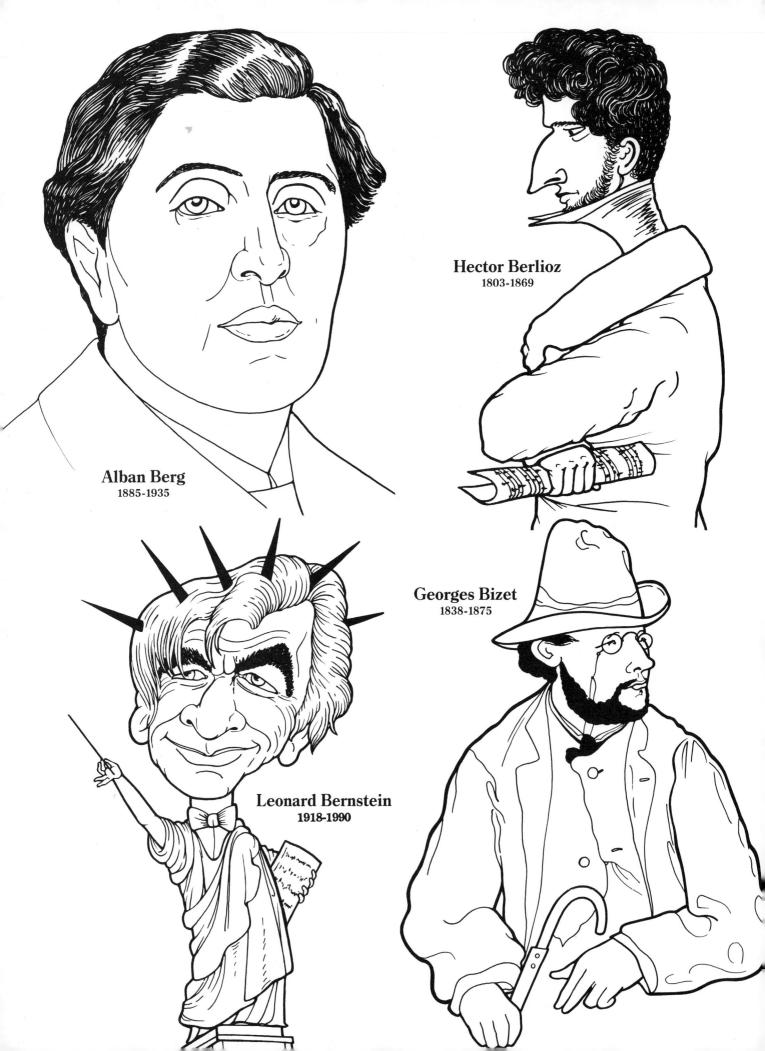

Alban Berg
1885-1935

Hector Berlioz
1803-1869

Leonard Bernstein
1918-1990

Georges Bizet
1838-1875

B

J.S. Bach
1685-1750

W.F. Bach
1710-1784

C.P.E. Bach
1714-1788

J.C. Bach
1735-1782

Béla Bartók
1881-1945

Samuel Barber
1910-1981

Amy Beach
1867-1944

Vincenzo Bellini
1801-1835

Luigi Boccherini
1743-1805

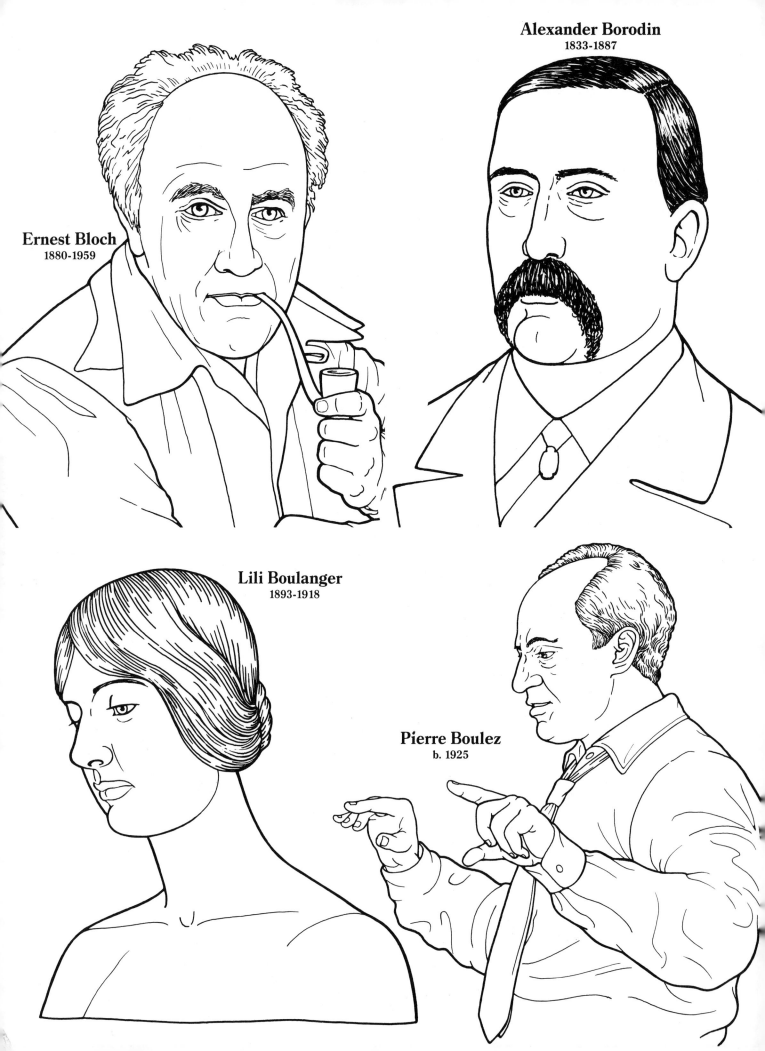

Ernest Bloch
1880-1959

Alexander Borodin
1833-1887

Lili Boulanger
1893-1918

Pierre Boulez
b. 1925

Johannes Brahms
1833-1897

Dietrich Buxtehude
1637-1707

Anton Bruckner
1824-1896

Ferruccio Busoni
1866-1924

William Boyce
1711-1779

Benjamin Britten
1913-1976

Max Bruch
1838-1920

William Byrd
1543-1623

C

Cécile Chaminade
1857-1944

Emmanuel Chabrier
1841-1894

Luigi Cherubini
1760-1842

Aaron Copland
1900-1990

Frédéric Chopin
1810-1849

François Couperin
1668-1733

Arcangelo Corelli
1653-1713

D

Claude Debussy
1862-1918

Léo Delibes
1836-1891

Frederick Delius
1862-1934

Gaetano Donizetti
1797-1848

Paul Dukas
1865-1935

Antonín Dvořák
1841-1904

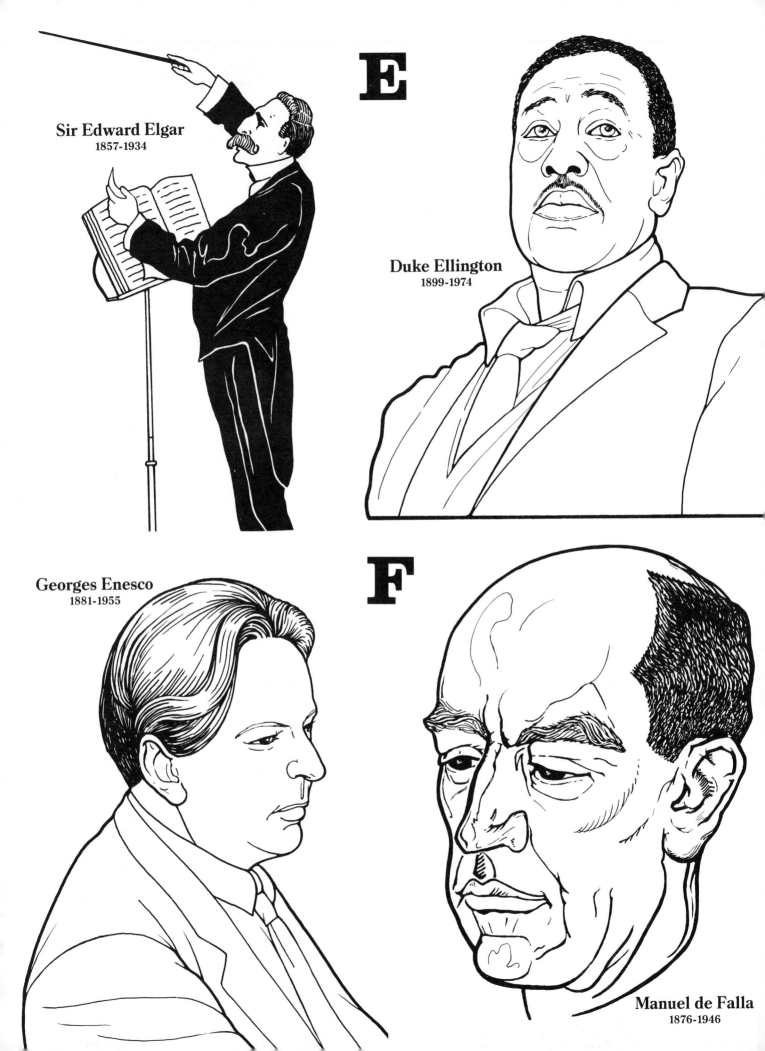

E

Sir Edward Elgar
1857-1934

Duke Ellington
1899-1974

Georges Enesco
1881-1955

F

Manuel de Falla
1876-1946

Gabriel Fauré
1845-1924

LA BONNE CHANSON.

Stephen Foster
1826-1864

Girolamo Frescobaldi
1583-1643

César Franck
1822-1890

Orlando Gibbons
1583-1625

G

George Gershwin
1898-1937

Alexander Glazunov
1865-1936

Mikhail Glinka
1804-1857

Christoph Willibald von Gluck
1714-1787

Charles Gounod
1818-1893

Louis Moreau Gottschalk
1829-1869

Percy Grainger
1882-1961

Enrique Granados
1867-1916

Edvard Grieg
1843-1907

H

Gustav Holst
1874-1934

Arthur Honegger
1892-1955

George Frideric Handel
1685-1759

Franz Joseph Haydn
1732-1809

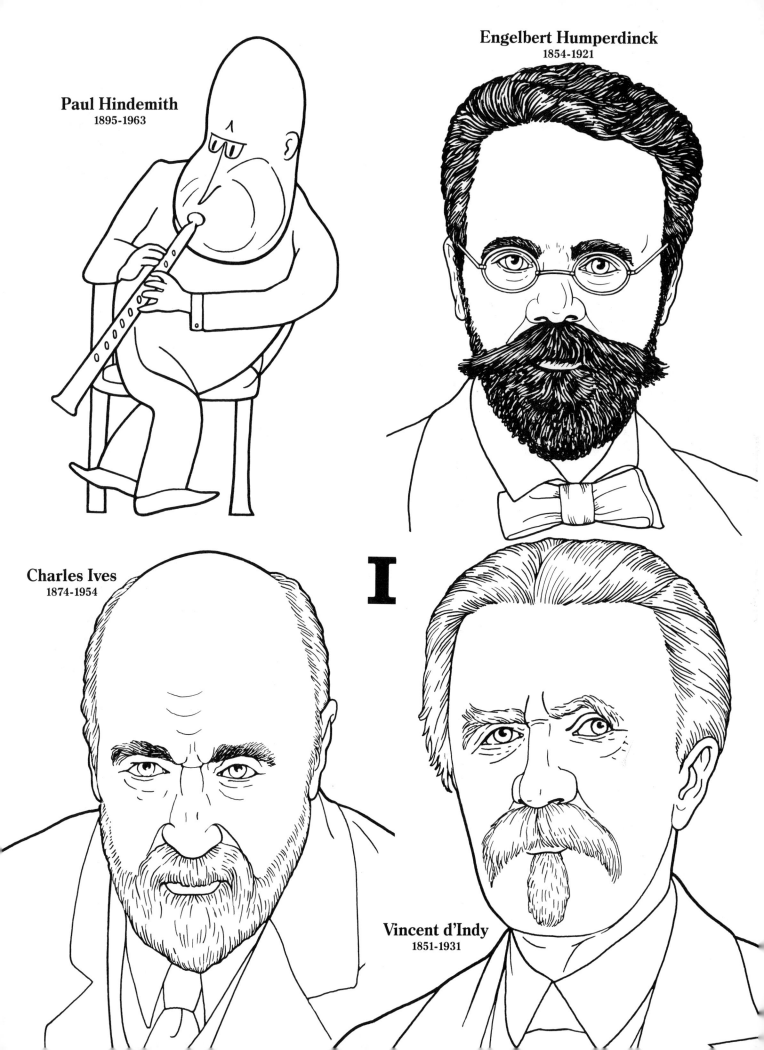

Paul Hindemith
1895-1963

Engelbert Humperdinck
1854-1921

Charles Ives
1874-1954

I

Vincent d'Indy
1851-1931

J

Scott Joplin
1868-1917

Leos Janáček
1854-1928

Josquin des Prez
c. 1440-1521

K

Aram Khachaturian
1903-1978

L

Zoltán Kodály
1882-1967

Édouard Lalo
1823-1892

Orlando di Lasso
1532-1594

POVR
REPOS
TRAVAIL

ORLANDO DE LASSVS NOBILI ET EXIMO DOMINO

Franz Lehár
1870-1948

Jean-Baptiste Lully

1632-1687

Ruggiero Leoncavallo
1857-1919

Franz Liszt
1811-1886

M

Gustav Mahler
1860-1911

Bohuslav Martinů
1890-1959

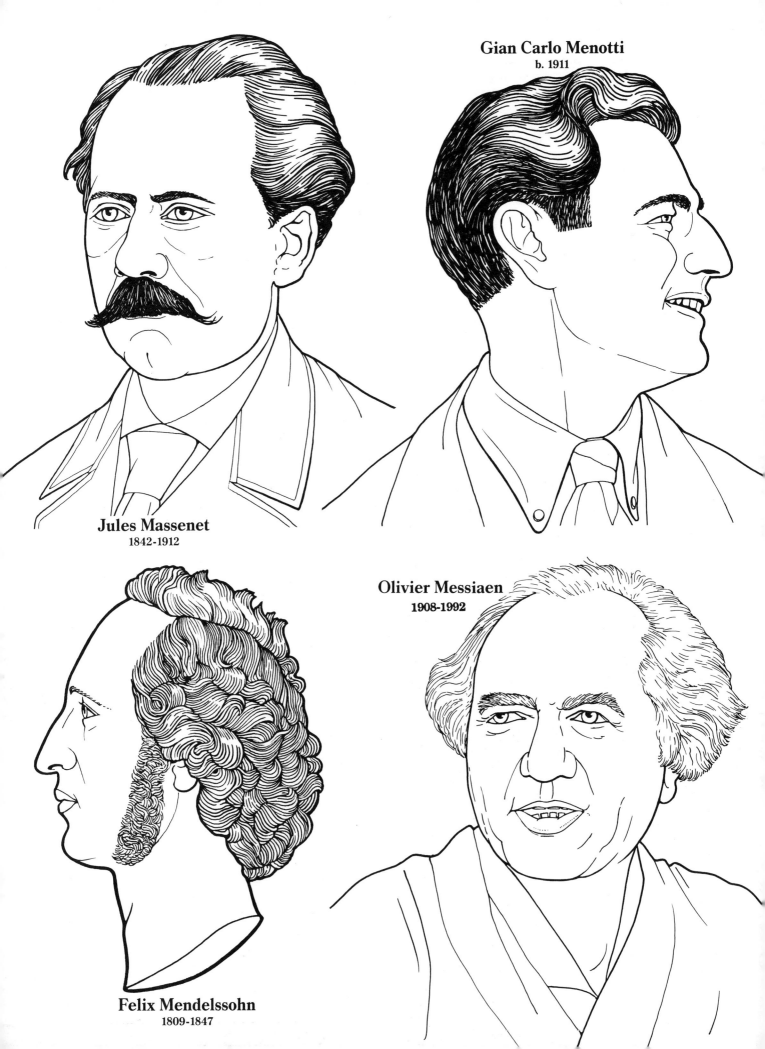

Gian Carlo Menotti
b. 1911

Jules Massenet
1842-1912

Olivier Messiaen
1908-1992

Felix Mendelssohn
1809-1847

Wolfgang Amadeus Mozart
1756-1791

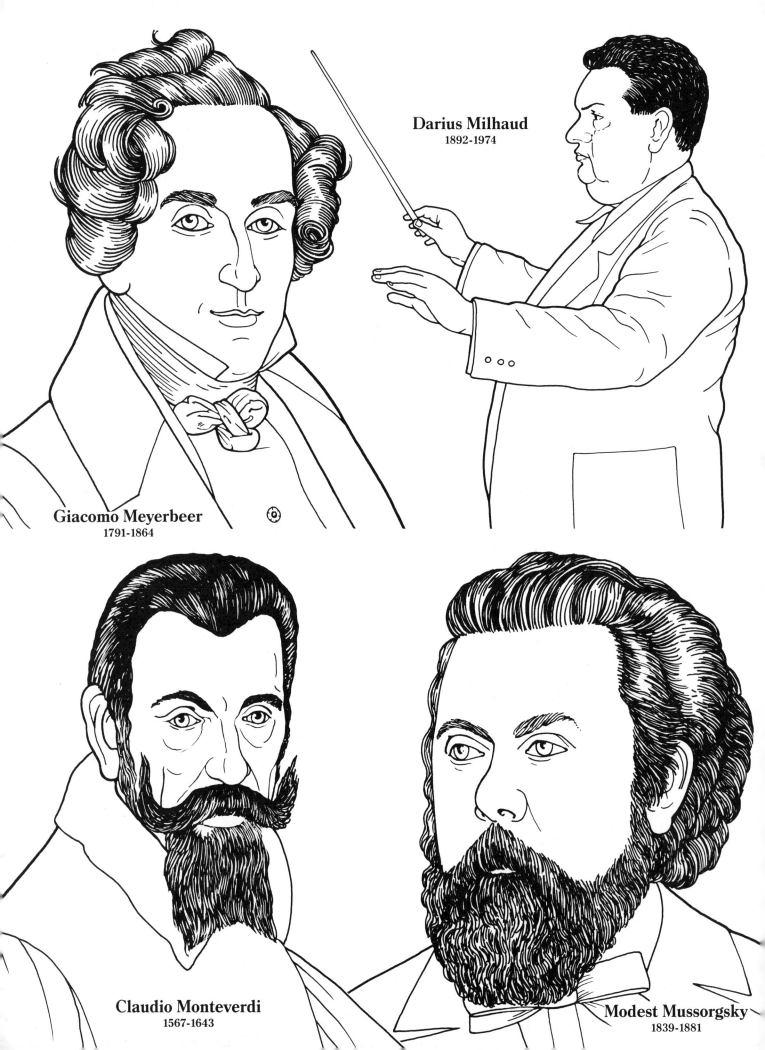

Darius Milhaud
1892-1974

Giacomo Meyerbeer
1791-1864

Claudio Monteverdi
1567-1643

Modest Mussorgsky
1839-1881

N

Jacques Offenbach
1819-1880

Carl Nielsen
1865-1931

Giovanni Battista Pergolesi
1710-1736

O

P

Carl Orff
1895-1982

Cole Porter
1893-1964

Francis Poulenc
1899-1963

Michael Praetorius
1571-1621

Sergei Prokofiev
1891-1953

Giacomo Puccini
1858-1924

Henry Purcell
1659-1695

Johann Joachim Quantz
1697-1773

Q

R

Sergei Rachmaninoff
1873-1943

Maurice Ravel
1875-1937

Jean-Philippe Rameau
1683-1764

Ottorino Respighi
1879-1936

Nikolai Rimsky-Korsakov
1844-1908

Gioacchino Rossini
1792-1868

Camille Saint-Saëns
1835-1921

S

Antonio Salieri
1750-1825

Pablo de Sarasate
1844-1908

Erik Satie
1866-1925

Franz Schubert
1797-1828

Domenico Scarlatti
1685-1757

Alessandro Scarlatti
1660-1725

Arnold Schoenberg
1874-1951

Heinrich Schütz
1585-1672

Robert Schumann
1810-1856

Clara Schumann
1819-1896

Alexander Scriabin
1872-1915

Dmitri Shostakovich
1906-1975

Bedřich Smetana
1824-1884

Jean Sibelius
1865-1957

Dame Ethel Smyth
1858-1944

John Philip Sousa
1854-1932

Johann Strauss, Jr.
1825-1899

Richard Strauss
1864-1949

Sir Arthur Sullivan
1842-1900

Igor Stravinsky
1882-1971

Jan Pieterszoon Sweelinck
1562-1621

Franz von Suppé
1819-1895

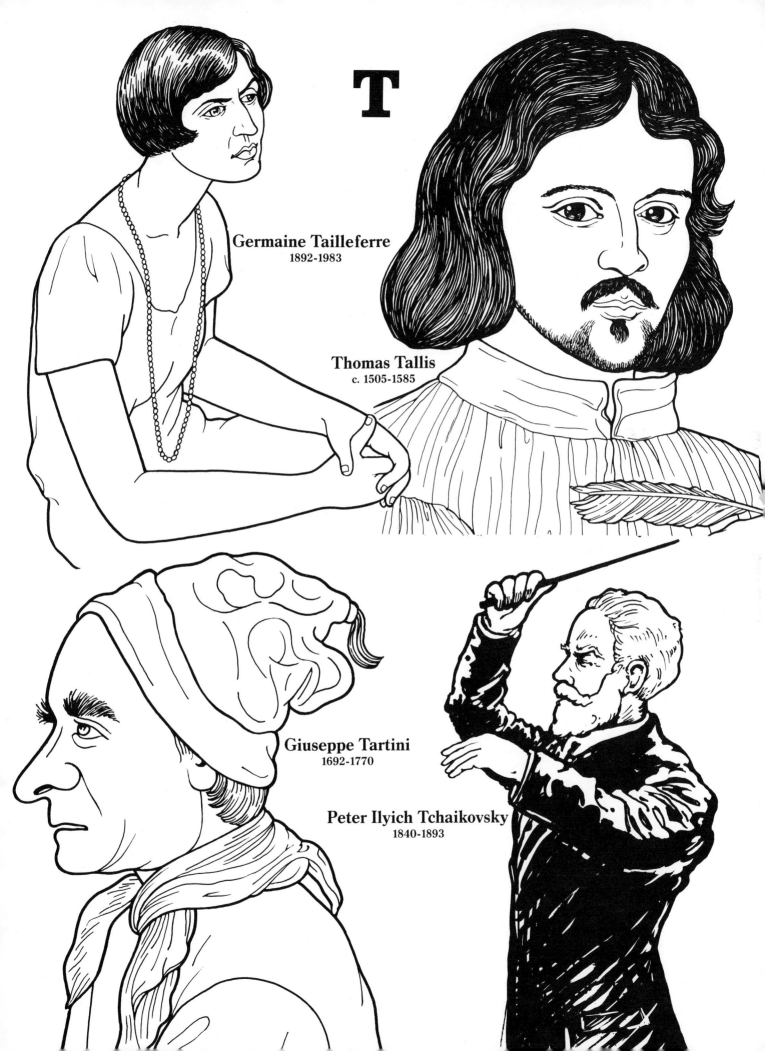

T

Germaine Tailleferre
1892-1983

Thomas Tallis
c. 1505-1585

Giuseppe Tartini
1692-1770

Peter Ilyich Tchaikovsky
1840-1893

Sir Michael Tippett
b. 1905

Georg Philipp Telemann
1681-1767

Virgil Thomson
1896-1989

U

Alfred Uhl
b. 1909

Ralph Vaughan Williams
1872-1958

V

Giuseppe Verdi
1813-1901

Richard Wagner
1813-1883

Heitor Villa-Lobos
1887-1959

Antonio Vivaldi
1678-1741

Carl Maria von Weber
1786-1826

Anton Webern
1883-1945

Sir William Walton
1902-1983

Kurt Weill
1900-1950

Ermanno Wolf-Ferrari
1876-1948

Hugo Wolf
1860-1903

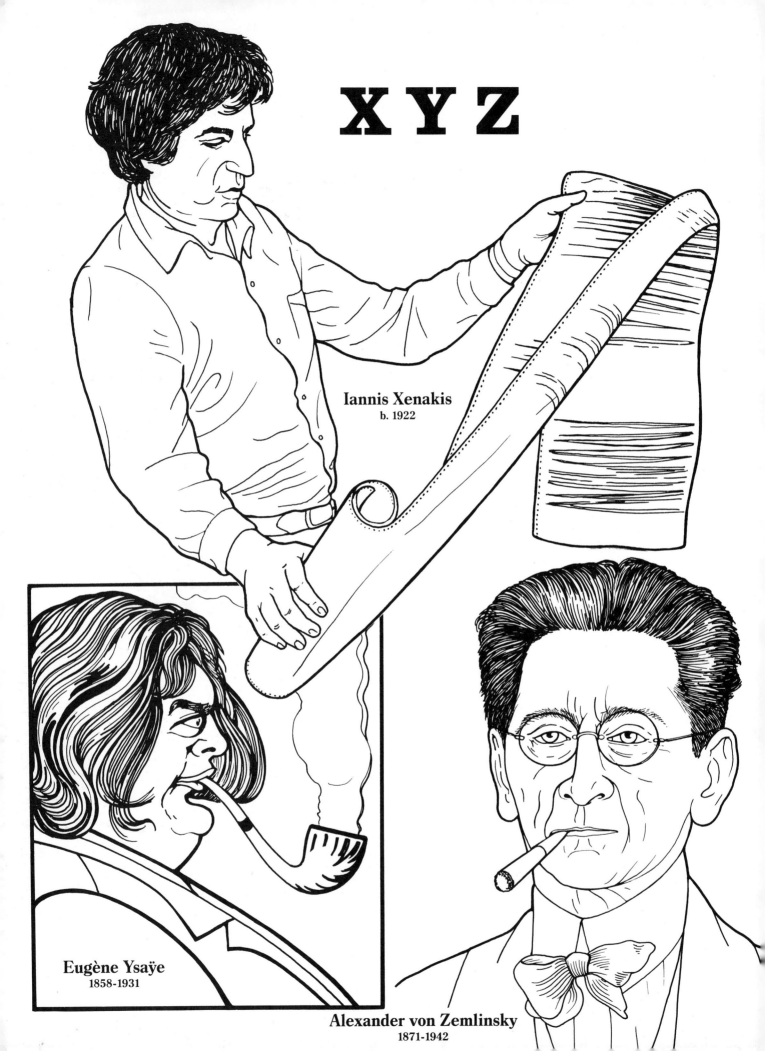

X Y Z

Iannis Xenakis
b. 1922

Eugène Ysaÿe
1858-1931

Alexander von Zemlinsky
1871-1942